AF224361

Lb 48.
808.

SYSTÈME

D'ÉPURATION,

RÉDUIT

A SA JUSTE VALEUR.

PAR UN MEMBRE DE LA MAJORITÉ

DE LA CHAMBRE DES DEPUTES DE 1815.

Se trouve chez LE NORMANT, passage Radziwill, en face la Banque de France; et au Palais-Royal.

PARIS.

IMPRIMERIE DE LE NORMANT, RUE DE SEINE.

1817.

SYSTÈME

D'ÉPURATION,

RÉDUIT

A SA JUSTE VALEUR.

Regrettons les erreurs du passé, déplorons ses folies, détestons ses crimes ; mais conservons-en le souvenir comme celui d'une utile leçon.

Les bouleversemens des empires apprennent à la postérité la prévarication des siècles passés.

Les générations se détruisent, mais les principes sont immuables. Les passions s'agitent ; l'ambition déchire le sein des peuples, les ambitieux disparoissent ; mais les principes sont éternels comme la morale, indépendans comme la religion. Abjurons tous ces pernicieux systèmes (illusions sociales, inventées par les haines, les vanités et les passions).

Que l'époque du repentir reste inconnue ; il suffit que le repentir existe. Mais en nous rappelant nos malheurs, préparons du moins à nos neveux un avenir moins funeste. Craignons cet esprit de vertige, qui depuis vingt-cinq ans mine les différens Etats de l'Europe. Il ne suffit pas d'en nier l'existence pour en détruire les dangers ; les attaques de ces partisans éternels de révolutions sont d'autant plus à craindre, qu'il est encore des yeux qui refusent de les reconnoître. Il est contraire à la justice de les persécuter ; mais il est insensé de les flatter, il est dangereux de réveiller leurs ambitieuses pensées, et il est coupable de leur laisser l'influence des places qu'on leur confie. Ces amis de l'égalité ont toujours cessé de regarder leur doctrine comme un dogme, du moment où leur ambition satisfaite les a conduits au pouvoir. Ainsi le prouve l'histoire même de la révolution. Si les sentimens de ces illuminés révolutionnaires, toujours funestes au repos des sociétés, doivent les faire repousser ; prouvons que le même intérêt réunit le grand nombre des Français.

On a parlé à la tribune de partis ; on a eu l'imprudence de consacrer ce baptême de révolution, donné à telle ou telle opinion, à telle ou telle classe, tandis qu'il ne doit y avoir qu'un parti, celui du Roi ; qu'une seule classe d'hommes, celle qui veut Dieu, le Roi, la légitimité. Celui qui méprise l'autorité de Dieu, se soustrait sans remords à celle de son Roi, et celui qui ose élever une pensée coupable sur la légitimité, regardera-t-il comme un dépôt sacré le repos de la patrie confié à chaque citoyen? On a voulu mettre dans les rangs ennemis ceux des sentimens desquels il est impossible de douter. Si ces amis du trône sont ennemis, qu'êtes-vous donc?..... Croit-on les décourager? Non, ils seront inébranlables dans leur soumission, comme dans leur amour. Au-dessus des doutes que l'on élève sur leur dévouement, ils sourient à l'injustice en la pardonnant.

Rassurons les différens intérêts, et montrons sous ses véritables couleurs *ce système d'épuration*, qui n'a rien de l'exagération qu'on lui suppose.

« On veut que toutes les places soient entre » les mains de la noblesse. » (Premier grief).

Où donc existe cette séparation qu'on suppose entre ceux qui sont nobles et ceux qui ne le sont pas? « Je vois la noblesse assise sur différens » bancs, » a dit un ministre à la tribune. Et moi aussi, je vois des nobles partout; j'y vois partout des gens d'honneur. Voilà la véritable noblesse. La noblesse et un lourd fardeau, et ses obligations sont bien au-dessus de ses priviléges.

« L'ancienne noblesse regarde avec dédain » ce qu'on appelle nouvelle noblesse. »

On tenteroit vainement de diviser d'intérêt ces deux noblesses, qui ne doivent plus en faire

qu'une. L'intérêt général, comme l'intérêt par-
ticulier, les tient unies.

Il n'existe point de monarchie sans noblesse :
voilà une de ces vérités que l'on contesteroit en
vain ; mais la noblesse ne sera jamais un titre
exclusif pour obtenir ; et elle seroit un motif
d'exclusion, si elle se présentoit sans l'honneur
et la fidélité qui doivent lui servir d'apanage.

Eloignera-t-on des places ceux qui, égarés par
de faux systèmes, se rapprochèrent d'une révolution dont ils ont depuis détesté les erreurs ?
Trop punis eux-mêmes, peut-on penser à les
poursuivre encore ?

Marquera-t-on du sceau de la réprobation
ceux qui ont servi les différens gouvernemens
avec honneur et loyauté ! La France n'avoit point
cessé d'exister : nos vœux redemandoient au ciel
cette race illustre et légitime, que nos malheurs
avoient éloignée ; et pour amener des événemens
plus propices, on se disoit qu'il falloit essayer de
les conduire.

Fera-t-on un crime de l'encens prodigué au
pouvoir ? Cet encens fut offert de toutes mains :
il est sage de n'en point rechercher la commune
origine.

Le petit nombre de Français qui, à travers tant
de secousses et de révolutions, n'a jamais fléchi
sous un joug qu'il détestoit, doit surtout s'abs-
tenir de s'en vanter.

(7)

Cependant, ce ne seront pas eux que l'on devra être tenté d'exclure.

Reprouvera-t-on cette armée de braves, qui fit long-temps la gloire de la France ? Non, sans doute. Nous regretterons que la justice et la raison ne soient jamais entrées dans les calculs de son ancien chef : sa gloire eût été plus durable, et la renommée n'eût pas inscrit, à côté de ses triomphes, quelquefois gigantesques, ses revers plus étonnans encore. Cette armée arracha souvent au supplice de fidèles serviteurs que le sort des armes livroit entre leurs mains. Elle combattit les ennemis de son pays ; il ne lui appartenoit pas de juger ses chefs.

Cette armée, après avoir reconnu l'autorité du souverain légitime, força l'usurpateur à abdiquer.

Elle mêla bientôt sa voix aux cris de fidélité qui se firent entendre dans la capitale, et qui décidèrent du sort de la France.

Sera-ce l'armée de Waterloo, dont on fera une liste de proscrits ? Nous détesterons, avec elle, ce siècle de cent jours, où, entraînée par des chefs coupables, ses sermens furent oubliés. Ce ne sera point pour excuser un tort qu'elle juge elle-même inexcusable, que nous dirons que l'on abusa de sa soumission pour lui faire trahir son devoir : tout Français brûle d'effacer de son sang cette page fatale de notre histoire : déjà plus d'une légion a prouvé sa fidélité ; et la brave et loyale garde à laquelle est confiée la demeure de nos Rois a repoussé, avec indignation, les tentatives faites pour la séduire.

Fera-t-on une classe à part de cette foule de citoyens qui ont acquis des biens dont la loi leur garantit la propriété ?

Pourroient-ils supposer que ceux qui ont tout abandonné pour suivre leur Roi, pussent jamais réclamer contre l'intérêt de la patrie ?

Non, non, qu'ils cessent de craindre tout retour vers le passé, et qu'ils accordent plus de confiance à ceux qui ne réclament que la jouissance de ne pas voir tant de sacrifices inutiles.

Modérés, exagérés, hommes à systèmes, gens sans opinions, une main ferme suffit pour contenir tous ces élémens divers; une volonté juste et forte pour les diriger; la Charte pour les rassurer tous.

Mais ne craignons point de dénoncer à la France et au Monde entier cette secte anti-sociale, dont l'infernale constance ne se décourage jamais. Ennemie irréconciliable de l'ordre, elle veut détruire.

Ces Catilina modernes ont nié l'existence des devoirs : ils se rient de l'autorité ; ils se jouent des nœuds les plus sacrés de la nature ; ils ne veulent ni Dieu, ni Roi, ni société, ni famille. Ils trompent la jeunesse pour la séduire ; ils caressent la vieillesse pour l'égarer ; ils offrent à l'enfant le hasard pour son Créateur, et, livrés à leurs passions, ils voudroient le néant pour avenir. Ils ont cherché à détruire ces digues éternelles que la morale oppose au crime, et ils ont franchi tous les obstacles pour consommer leur attentat. Ils enseignent l'erreur au nom de la vérité: ils parlent de tout rétablir, tandis qu'ils ne respirent que pour tout bouleverser. « Ils se » disent la nation, mais la nation s'indigne et les » rejette. » Ils élèvent au nom de la religion un culte à l'impiété; l'honneur dont ils se parent n'est que le masque de la perfidie, et sous les auspices de la morale, ils consacrent l'immoralité la plus absolue. Ils flattent le talent pour l'asservir, l'innocence pour l'abuser, la vertu pour la corrompre, et ils étendent leur domaine depuis le palais jusqu'à la chaumière.

« Ces hommes pervers, a dit M. Canning à
» la Chambre des Communes, cherchent à enter
» l'esprit de révolte sur la misère, à pousser
» l'indigence à la rébellion, et à faire servir les
» calamités publiques à leurs vues personnelles.
» Le danger que nous avons à craindre est celui
» de voir réussir des efforts qui ne tendent rien
» moins qu'à détruire la morale, la religion, la
» loyauté. A-t-on déjà oublié combien de fois
» le monde a vu des minorités impitoyables,
» suppléant à l'influence du nombre par la vio-
» lence des moyens, fouler d'un pied sanglant la

» tête de leurs concitoyens écrasés. Rappelons-
» nous les scènes de la révolution française, dans
» lesquelles le petit nombre triompha si constam-
» ment de la majorité, et dans lesquelles les théo-
» ries les plus absurdes et les plus extravagantes
» reçurent tant de fois leur sanglante exécution.

» Quand l'athéisme fut professé en France,
» quand la convention nationale eut déclaré,
» comme la seule idée raisonnable, que la mort est
» un sommeil éternel, qui eût pensé que jamais
» ces extravagances impies dussent prévaloir ?
» On vit les suites de ces doctrines insensées;
» et la grande nation, privée de sa religion et
» de sa morale, fut en même temps privée des
» armes qui pouvoient la défendre contre l'anar-
» chie. La souveraineté du peuple fut procla-
» mée; et au nom de cette souveraineté, le plus
» pur sang inonda cette malheureuse contrée ;
» ce long tissu d'horreurs et de crimes n'aboutit
» qu'à un odieux despotisme, que le souvenir
» des temps passés fit embrasser comme une
» planche de salut.

» Il étoit réservé à nos modernes réformateurs
» de déraciner du cœur de l'homme tout res-
» pect pour la Divinité, afin de préparer leurs
» contemporains à devenir des assassins sans
» remords. »

Français ! c'est cette secte ennemie de toute
société qu'il faut connoître pour s'en défendre.

Lorsque le monde entier se lève pour l'accuser, réunissons-nous du moins pour paralyser ses criminels projets ; ce n'est pas en achevant de détruire que l'on peut commencer à reparer. Forcez les peuples à respecter les bases sacrées sur lesquelles repose l'existence du monde, et ils respecteront le pouvoir. Bannissez ces libelles infâmes, où l'attrait du vice, présenté avec art, séduit l'esprit pour corrompre le cœur. « Dirigés » expressément contre la religion, leur intention » manifeste est de détruire ces croyances qui » seront toujours la garantie la plus sûre des » vertus humaines, la plus douce consolation » dans le malheur. » (M. Canning.) Si vous ne vous hâtez d'imposer un frein sévère aux passions, elles vont tout embraser de nouveau. Lorsque le mal sera sans remède, il ne suffira pas de dire : « Je ne le voyois pas ; mes intentions étoient » bonnes. » L'aveuglement prolongé devient un crime, lorsque le sort de son pays et celui de l'humanité en dépendent.

« Je craignois l'exagération, dira-t-on. » L'excès du bien vous a-t-il donc paru seul à craindre ? Falloit-il livrer l'Etat à des ennemis qui vous ont flattés pour vous tromper, qui vous ont trompés pour vous perdre ? Bientôt vous ne serez plus maîtres de les arrêter, et vous tomberez les premiers dans le gouffre qu'ils creusent, en proclamant qu'ils veulent le combler. Songez aux malheurs qu'une dangereuse persévérance nous promet. Vous êtes déjà bien loin du système que vous aviez annoncé ; craignez un pas de plus.

Après avoir parcouru toutes les classes et les diverses positions politiques, mon but est rempli si j'ai rassuré tous les intérêts ;

Si je suis parvenu à éclairer les gens de bonne foi ;

Si j'ai montré toute l'importance d'une prompte réunion ;

Si la possibilité de cette réunion reste une conséquence des principes que nous devons tous avoir ;

Si j'ai réduit à sa juste valeur ce système d'épuration, indispensable s'il est combiné d'après les bases qui viennent d'être établies, insensé s'il s'en écartoit ; si j'ai démasqué cette classe de mauvais citoyens qui ne se mêlent aux sociétés que pour en préparer le renversement, et si j'ai fait connoître les seuls individus que l'intérêt de la société veut qu'on éloigne du pouvoir.

Puisque le bien de l'Etat exige qu'on laisse le passé dans l'oubli, ne faisons pas du moins un pas rétrograde vers le mal ; en pardonnant le mal, ne craignons pas d'avouer qu'il a été commis. On tenteroit vainement d'anéantir un principe, pour rassurer plus sûrement les consciences.

En niant les crimes de la révolution, croiroit-on les anéantir ? Et qui oseroit proposer d'y mettre le sceau insensé d'une approbation même tacite ?

Que l'intérêt commun, que l'amour de la patrie, que le sentiment du devoir nous rallie, et qu'il cesse d'être Français celui qui ne voudroit pas, avec tous les Français, Dieu, le Roi, la légitimité !

www.ingramcontent.com/pod-product-compliance
Lightning Source LLC
Chambersburg PA
CBHW051316050726
47595CB00008B/3578